TERTULLIEN GUILBAUD

I

PATRIE

POUR PARAITRE PROCHAINEMENT :

1º LE SECOND VOLUME DES POÉSIES DE L'AUTEUR

2º LES PROPAGANDES ÉLECTORALES
Comédie en trois actes, en prose

TERTULLIEN GUILBAUD

PATRIE

ESPÉRANCES ET SOUVENIRS

Si pour toi demain, c'est le gouffre énorme et sombre,
De peur qu'à mon rayon ne se mêle ton ombre,
De mon soleil ôte-toi !

PARIS

LIBRAIRIE LÉOPOLD CERF

13, RUE DE MÉDICIS, 13

M CDDD LXXXV

VERSAILLES

IMPRIMERIE CERF ET FILS

59, RUE DUPLESSIS

DÉDICACE

DÉDICACE

A   Haïti.

A l'heure où l'on entend, raillant ton agonie,
De tes vieux détracteurs les rires triomphants,
Il faut qu'ils soient debout, tous, tes nobles enfants,
Et montrent aux douteurs — par la sainte harmonie

De la tête qui crée et du bras indompté
Qui la seconde, par leur ardeur invincible
A poursuivre le but qu'on leur dit impossible —
Le souverain secret de ta vitalité!

Le laboureur te doit sa sueur qui féconde,
Et l'ouvrier, l'effort de son puissant outil ;
A ton cœur le voyant doit le levain subtil
De ces pensers qui vont rajeunissant le monde ;

L'historien te doit l'éveil contagieux
De ces grands souvenirs où se retrempe l'âme,
Et le soldat, l'appui de sa vaillante lame,
Pour relever des Batchs les défis outrageux !

Le poète te doit, dans son essor superbe,
La vérité sans voile et son hymne de foi...
Tel est mon cri d'amour, et c'est aussi pourquoi
Je te viens apporter, fier, ma petite gerbe !

Port-de-Paix, 11 septembre 1885.

OTE-TOI DE MON SOLEIL !

OTE-TOI DE MON SOLEIL!

J'aime d'un fol amour la Patrie. Elle est belle,
A mes yeux éblouis, d'une altière beauté.
Comme le firmament je la crois immortelle;
Nul ne peut dans le monde, abattant sa fierté,
L'empêcher de monter où le destin l'appelle.

Si tu n'as pas, lecteur, cette robuste foi;
Si pour toi demain, c'est le gouffre énorme et sombre,
De peur qu'à mon rayon ne se mêle ton ombre,
        De mon soleil ôte-toi!

J'aime l'astre qui luit et le pré qui verdoie ;
J'aime ouïr les bambous, saisis d'un doux frisson,
Délirer sous le souffle amoureux qui les ploie ;
J'ai le cœur tout grisé quand chante le buisson,
Et rien n'égale alors mon extase et ma joie.

Si tu ne comprends rien à ce divin émoi ;
Si tu n'as point senti cette chaleur exquise
Que met la poésie en notre âme conquise,
          De mon soleil ôte-toi !

Je vibre au souvenir de la grande épopée
Par nos pères écrite au Livre d'or du Temps,
Avec le sombre éclair du bronze et de l'épée.
Que j'entende nommer ces grands noms éclatants,
Pendant un jour entier j'en ai l'âme occupée !

Ah ! si tu n'éprouvas jamais rien de pareil,
O lecteur, si ton sein est une solitude
Où, sur de froids débris, trône l'ingratitude,
          Ote-toi de mon soleil !

LE PREMIER JANVIER

LE PREMIER JANVIER

Plus de quatre-vingts fois, de ses rayons ardents,
Le soleil de Janvier a redoré nos cimes,
Depuis que nos aïeux, dans leurs transports sublimes,
Ont jeté ce beau cri: — « Soyons indépendants ! »

Ils sortaient triomphants du grand duel séculaire ;
Le vieux Colon râlait sous leur pied rude et fort ;
Ils l'avaient terrassé dans leur viril effort,
Comme eût fait un lion un puissant belluaire.

Car tout n'était pas dit, lorsque la Trahison,
Empêchant que Toussaint n'achevât son grand œuvre,
L'eut étreint dans ses nœuds comme une horrible pieuvre,
Et que le géant eut péri dans sa prison !

Certe, il en est du peuple au sang chaud et fertile,
Comme d'un jeune arbre où la sève fermentant,
Dans le tronc vigoureux s'en va toujours montant :
Pour un rameau qu'on coupe, il en jaillit dix mille !...

***

Salut, ô jour divin, où, plein d'enivrement —
Pour que la Liberté, sur son front hâve et blême,
Fît à flots ruisseler les ondes du baptême
Et qu'il jurât à Dieu son terrible serment —

Au pied du vert Palmier inondé des lumières
Du ciel, et radieux comme le Sinaï,
En foule se pressait le peuple recueilli !
Les débris glorieux de Charrier, de Vertières ;

Les farouches soldats du fort « Trois-Pavillons ; »
Tous ces fronts que zébra l'âpre éclair de la poudre —
Tels les sommets géants où, sinistre, la foudre,
De ses ailes de flamme, a creusé des sillons —

Montraient avec orgueil leurs blessures épiques.
On y voyait, émus, l'un l'autre s'embrassant,
Tous ces preux qui, naguère, arrosaient de leur sang
La Ravine et la Crète, et luttaient de leurs piques.

On y voyait aussi, levant le front d'un air
D'imposante fierté, ces vieux Noirs indociles,
Qui, jadis, succombant dans leurs luttes stériles,
Par la main des bourreaux étaient marqués d'un R.

Et comme il n'est affront que la gloire n'efface,
Ainsi que le bonnet rouge des galériens
Apparaît beau, sublime, aux peuples citoyens,
Ce noir signe infâmant reluisait sur leur face !

Les femmes étreignaient leurs époux triomphants ;
Et les mères, doutant de leur bonheur immense,
Du maître encor craignant la sauvage inclémence,
Serraient contre leurs cœurs — tremblantes — leurs enfants !

Puis en haut, sur l'autel sacré de la Patrie,
On les voyait debout, les braves généraux
De notre armée illustre ; et de tous ces héros
L'âme encor frémissait, par la vengeance aigrie.

Tous, en guise de croix, sur leur cœur de vaillants,
Offraient les larges trous qu'à leurs vieux habits pâles
Firent dans les assauts la mitraille et les balles.
Eux aussi rayonnaient, les augustes croyants !

Et dans nos frais vallons, comme si la Nature,
A son tour, se sentait plus libre, en ce moment,
Les parfums, bien plus doux, sous le bleu firmament
Montaient ; les nids jaseurs, dans la haute ramure,

Avaient de ces frissons inconnus ; en tout lieu,
La sève circulait, plus féconde et plus vive ;
Et des tièdes rayons la lueur fugitive
Caressait les fronts comme un sourire de Dieu !

Des hourras saluaient l'astre des jours prospères ;
Le peuple rugissait, dans ses transports joyeux,
Plus haut que l'ouragan au noir souffle orageux,
Et partout le lambi — ce clairon de nos pères —

A l'étrange concert des tambours et des cors,
Aux longs mugissements des canons historiques,
Aux joyeuses clameurs, aux bravos homériques
De ces vainqueurs, mêlait ses lugubres accords...

O délire immense ! O réveil de mes ancêtres !
O gloire que jamais n'effacera l'oubli !
Transfiguration de l'esclave ennobli,
S'élevant d'un seul bond dans l'échelle des êtres !...

*
* *

Mais bientôt un profond silence se fit là.
Alors, par ce guerrier fameux — mon front s'incline
Quand ma bouche redit ce nom ! — par Dessaline,
La voix de l'Avenir à la foule parla.

Il avait dans les yeux ces lueurs fulgurantes
              Et ce regard d'inspiré
Qu'eut Moïse dictant ses lois intolérantes,
              Debout sur le Mont sacré !

Tous l'écoutaient, pensifs — et sa forte parole
Dans l'espace vibrait ! Oh ! l'on eût dit qu'en lui
Un dieu puissant parlait, et jamais n'avait lui,
Sur un front plus aimé, plus superbe auréole !...

Et quand il eut fini, levant notre drapeau
      Sur les têtes inclinées :
« Nul maître, cria-t-il, du ton sublime et beau
      Des âmes prédestinées,

« Ne souillera le sol où notre sang coula ! »
Tout le peuple, à genoux et frissonnant de haine,
Après son chef jura. La montagne, à la plaine
Attentive, transmit au loin ce serment-là ;

Et le Monde entendit, dans l'abîme insondable
      Des cieux, bruire, étonné,
Ce vagissement sombre, orageux, formidable,
      Du peuple noir nouveau-né.

Port-de-Paix, janvier 1885.

SI J'ÉTAIS LE CONDOR...

SI J'ÉTAIS LE CONDOR...

A M. D.-N. Kitchen.

Comme au condor qui monte et comme à l'aquilon,
Oh ! qui me donnera, pauvre enfant du vallon,
Ces ailes qui les font s'élancer dans l'espace ?
Comme à la foudre, comme au grand torrent qui passe,
Oh ! qui me prêtera cette terrible voix
Qui couvre les rumeurs éternelles des bois ?

A ces mâles pensers qui sous ton front bouillonnent,
Pour jaillir sous le ciel en gerbes qui rayonnent,
Hélas ! qui donnera, poète ardent et fier,
La spontanéité superbe de l'éclair ?
Pour le monde et ses dieux, ses honneurs et ses fêtes
Dis, qui t'inspirera le dédain des prophètes ?

Si j'étais le condor, si j'étais l'aquilon,
Le prophète, la foudre au lumineux sillon,
Calme, je planerais sur ces géantes cimes
D'où l'on parle aux mortels en strophes tant sublimes,
Que l'on est comme un dieu par la foule écouté ;
Et, tel un phare au loin répandant sa clarté,

Pour dissiper l'erreur, en nuit noire amassée,
Je ferais en tous lieux rayonner ma pensée ;
Et je vous prêcherais, à vous tous, citoyens,
Pour que règne la paix, l'oubli des torts anciens ;
La Justice, apaisant la Vengeance farouche,
Aux partis affolés parlerait par ma bouche.

Puis, dans mon vaste orgueil, je prendrais ton drapeau,
O mon Pays que j'aime ! et monterais bien haut
L'agiter dans l'azur, afin qu'au sein du gouffre
D'où montent ses sanglots, l'esclave noir qui souffre,
Le voyant resplendir au-dessus de son front,
Croie aux jours triomphants qui bientôt écloront !

Port-de-Paix, 2 avril 1884.

ANACAONA

ANACAONA

La brune Quisqueya, cette fille de l'onde,
Cependant que la berce en sa vague profonde,
L'Océan calme et doux, sous le ruissellement
Magique des splendeurs blondes du firmament,
Tranquille, s'endormait en sa couche azurée,
Ignorante du monde et du monde ignorée.
Dans ses vallons emplis de grisantes odeurs,
Que jamais n'a troublés, des grands lions rôdeurs,
La terrible épouvante ; où nul serpent, dans l'ombre,
Ne darde l'aiguillon, caché dans l'herbe sombre ;
Naïf, insoucieux comme l'onde et le vent,
Ayant pour vêtement le fluide mouvant
Qui l'entoure, et nourri de chants, de poésie,
Un peuple se pressait, plein de sève et de vie !

Inclinés, le matin, sur le large sillon,
Au sol ils confiaient le grain fertile et blond ;
Quand les astres songeurs égaraient dans les branches,
Le regard apaisé de leurs prunelles blanches,
Joyeux, les Indiens venaient, en leurs ébats
Naïfs, plier leur taille au rhythme des sambas.
Pour chanter et leurs dieux et leur belle patrie,
Une femme — leur reine — entre toutes choisie,
Avait reçu du ciel la harpe d'or. Sa loi,
Jamais, certes, n'en eut de plus sage aucun roi,
Ni de plus douce ! Par les humides savanes,
Sous la voûte odorante et souple des lianes,
Chaque aurore, elle allait, jetant aux bleus ravins,
A la plaine, à l'écho, ces areytos divins
Que retenait la foule à sa lèvre attentive.
Et ce peuple charmé, dans sa langue expressive,
La saluait d'un beau nom : Anacaona !

Or, de la découverte, hélas ! l'heure sonna.
L'Espagnol arriva, cynique, étrange apôtre,
Portant, dans une main, la croix — les fers dans l'autre !
Mais, si cruel qu'on soit, partout la Liberté
Vivra, tant que la Muse, en sa fécondité
Sainte, mère vaillante, obstinée et fidèle,
Lui versera le lait de sa dure mamelle !

C'est pourquoi le bourreau, qui le comprenait bien,
Afin de mieux courber ce bon peuple indien,
Fit disparaître un jour, en la même hécatombe,
Ce poëte... et ses chants que garde encor la tombe !

Puis, dans ces gouffres noirs, affreusement béants,
Ces rudes profondeurs, où l'œil des Castillans,
Pour découvrir cet or que leur grand flanc recèle,
Dardait de ses regards la sinistre étincelle ;
Sous les graves affronts et sous les durs travaux,
Hélas ! tout s'engloutit, de ces hommes nouveaux !
Rien ne parle plus d'eux, rien... qu'un souvenir vague !
Comme le naufragé qui lutte avec la vague,
De loin en loin surgit et pousse dans la nuit
Un sourd gémissement, bien vite évanoui,
Ainsi je vois parfois, sur l'Océan des âges,
Se dresser devant moi tous ces pâles visages,
Qui jettent en passant un murmure affaibli,
Et que va submergeant la vague de l'oubli !

. . . .

AU SOLEIL

AU SOLEIL

A mon ami M J.-J. Magloire.

Six heures près ! A peine éveillé, le Soleil,
Pour me dire bonjour, familièrement entre
Dans ma chambre... Un ami bien constant, sans pareil,
Celui-là ! Bon pour tous ; réchauffant dans son antre,

Où le froid l'engourdit, le sauvage isolé,
Comme le pauvre à qui, de son vieux toit qui coule,
Il fait, en l'éclairant, un beau ciel étoilé ;
Rendant la part égale à chacun de la foule !

2.

Tous l'adorent : au haut du citronnier en fleurs
Qui parfume, le soir, mes calmes rêveries,
Ecoutez les oiseaux aux doux accords vainqueurs —
Ainsi que des clairons les vives sonneries

Savent des rois puissants saluer le réveil —
Ecoutez-les chanter leur folle marseillaise,
Quand s'ouvre dans les cieux l'œil brillant du soleil,
Et voyez comme tout, alors, se pâme d'aise !

***

Dans mon humble réduit sois donc le bienvenu,
Visiteur aimé ! Tout y devient moins morose,
Tout y change d'aspect, jusqu'au plafond si nu,
Si triste, qu'illumine un frais rayon bleu rose,

Quand tu parais. Soudain les cauchemars affreux
Désertent mon esprit ; une douce enivrance
Glisse au fond de mon cœur, et je me sens heureux...
Oh ! je crois que ton nom — le vrai — c'est l'Espérance !

Et tel est le bonheur que tu fais au mortel,
Que les cruels tyrans, nous vouant aux tortures,
Pensent que c'est assez de nous voiler le ciel,
Bien assez des cachots de leurs prisons obscures !

Et, cependant, malgré la rigueur des bourreaux,
Que rien ne peut fléchir, que rien ne peut séduire,
Tu glisses doucement à travers les barreaux
Inflexibles et drus, et tu viens nous sourire !

*_**

Mais où donc étais-tu, père de mes aïeux,
Lorsque, les os rongés par la rude froidure,
Triste, seul, isolé, rêvant à nos beaux cieux,
Agonisait là-bas l'illustre Louverture ?...

Ah ! c'est qu'il déjoua ta ruse, ce César
Dont on vante en tous lieux l'humeur superbe, altière ;
Qui savait foudroyer les rois d'un seul regard,
Mais qui frappa Toussaint lâchement — par derrière !

Tu t'en vengeas aussi : la loi du talion,
Tu l'appliquas entière, implacable, terrible ;
On entendit plus tard rugir le grand lion,
Par le destin trahi, sous ton dard inflexible !

En vain il eût voulu, le héros terrassé,
Fuir son rocher de feu : farouche sentinelle
Qui veille au doux repos du monde harassé,
Un homme est là, pointant partout un œil fidèle...

Sir Hudson, dors en paix, je ne te maudis pas,
Moi le nègre ! Pour moi, tu t'appelles Justice :
Quand là-haut Dieu condamne, il faut bien qu'ici-bas
Quelque bras vigoureux se charge du supplice !...

[*]

Pour toi, brillant soleil qui fécondes nos champs,
Toi qui, dans les vieux jours de notre Indépendance —
Invincible soldat — combattis dans nos rangs,
Et de nos chers aïeux secondas la vaillance,

Je te salue! Oh! viens, oui, viens chaque matin
Egayer mon réduit si triste, si morose,
De ma muse qui dort, par ton rayon divin,
Ouvrir comme une fleur la paupière mi-close!

Cap, mars 1882.

PORT-DE-PAIX

PORT-DE-PAIX

A mon jeune frère Timothée Guilbaud.

I

Salut, riants vallons, et toi, beau ciel d'azur,
Où, libres de souci, comme une onde au flot pur,
Ont fui mes jeunes ans! Salut, verte colline
Aux sentiers écartés, et de moi seul connus,
Où ma rêveuse enfance accourait les pieds nus
Pour voir au bord des cieux le soleil qui décline!

Quel homme n'a senti se raviver en lui
L'espérance, et quel front d'un doux éclair n'a lui,
Au nom de la cité natale? Lamartine,
A son doux souvenir, exhale un chant d'amour;
George Sand y venait vivre son dernier jour;
Et moi, pour la bénir, laissez que je m'incline !

Oh! l'air que j'y respire et la source où j'y bois,
Cette haleine des fleurs qui parfume les bois,
Ces bruits d'ailes tremblant dans la verte ramure,
Ont un charme inouï, mystérieux, divin,
Que j'ai, sous d'autres cieux, cherché toujours en vain...
Ici, le flot des mers fait un plus doux murmure !

C'est que tout m'est ami dans ces lieux adorés :
Ce manguier triomphant sous ses beaux fruits dorés,
Je l'ai vu tout enfant, ouvrant ses feuilles roses —
Les premières — sous l'œil de l'astre paternel !
Oh! j'éprouve en mon cœur un amour fraternel
Pour ces bambous jaunis, ces vieux palmiers moroses,

Dont l'ombrage abritait nos ébats enfantins,
Le long du clair ravin aux bleus flots argentins !

Devant l'arbre vieilli, qu'en agitant la fronde,
Nous choisissions pour cible, et qui, morne et pensif,
Me montre, à son front nu, la blessure profonde
De nos pierres, je sens comme un regret tardif !

***

As-tu souvenance, ô mon frère,
De nos courses dans les vallons ?
Nous allions partout, l'âme fière,
Livrant la guerre aux papillons
Qui nous fuyaient bien loin du monde
En étoilant l'azur des cieux ;
Et tristes, nous suivions leur ronde,
En fixant sur eux de grands yeux.

Puis, dans les branches élevées
Où les oiseaux cachent leur nid,
Nous allions ravir leurs couvées
A ces couples que Dieu bénit.

Les pauvres mères affolées
Volaient d'arbre en arbre, et leurs cris
Touchants, leurs plaintes désolées,
Troublaient les échos attendris !

Alors d'une pitié soudaine
Nous ressentions le doux frisson ;
Et nous les rendions à la plaine,
Leur patrie, à leur vert buisson,
Ces petits qui, dans la verdure,
S'envolaient, ivres de gaîté,
Chanter la féconde nature
Et célébrer la Liberté !

Puis, nous allions sur la colline,
Ensemble jouer aux soldats...
(Là-haut, illustre Dessaline,
Voyant nos belliqueux ébats,
Ton âme auguste dut sourire !) —
Et le campêche qui se tord
Sous les caresses du zéphire,
Nous jetait ses panaches d'or ..

Sérénité trop tôt à notre cœur ravie,
Pareille à ces fleurs qu'on ne voit s'épanouir
Qu'au printemps de l'année, ah! tu ne peux fleurir
    Qu'au printemps de la vie !

II

Que de grands souvenirs éveille ton aspect,
O ma ville adorée, et quel touchant respect
Te valut de Capoix l'indomptable vaillance !
Ah! ne t'émeus plus, sois calme : autre est ton devoir
Quand l'oppresseur n'est plus ! Savoir étant pouvoir,
Deviens un foyer d'où rayonne la science !

Marche et point ne regarde, immortelle cité !
Ceux qui vont t'accusant de manquer de fierté.
Sage, tu méprisas, comme une indigne tâche,
Ces tristes guerres où, quel que soit le vainqueur,
C'est encor la Patrie, hélas ! frappée au cœur,
Qui de ses coups gémit — des fous te disent lâche !

Que t'importe après tout ? N'as-tu pas dans tes flancs
Des héros d'autrefois porté les plus vaillants ?...
Oh ! reste, reste neutre en cette lutte impie,
Où contre un père un fils accourt pour se venger,
Et qu'allume l'Enfer ! Mais vienne l'Etranger,
Nous serons des lions pour sauver la Patrie !

1876.

LE PALMIER ET LE CAFIER

LE PALMIER ET LE CAFIER

« Dis! pâle Caféier, plante chétive, née
       Pour vivre dans les bois,
Que tu dois envier ma belle destinée!
       Dis! lorsque tu me vois
Elever dans les cieux un front haut et superbe,
       Et que l'air retentit
De mes bruissements, toi qui gémis dans l'herbe,
       Que tu te sens petit
Auprès de moi si grand! — Ecoute! la Nature
       M'a fait le meilleur sort :
C'est moi qui, d'en haut, jette un morceau de toiture
       Sur la chaumière où dort

3.

Le pauvre paysan; tel est mon privilège,
En de certains endroits,
Que celui-là commet un affreux sacrilège,
Qui m'abat dans les bois !

Le poète, ravi, souvent prête à sa belle
Comme à l'ange des cieux,
Mes longs cheveux tombants, et ma taille si frêle,
Et mon port gracieux.
Depuis un siècle près, je vois la République,
Dont je suis le drapeau,
M'élever à grands frais dans la place publique,
Et, sous mon seul rameau,
S'incliner tous les ans pour bénir la Patrie! »

Ainsi le grand Palmier
Du vallon — tel le Chêne au vert Roseau qui plie —
Dédaigneux, au Cafier
Parlait. Mais Dieu donna, dans sa clémence auguste,
La sagesse au petit
A défaut de puissance, et, triomphant, l'arbuste
Au Palmier répartit :

« C'est montrer, ô géant! jusqu'où va ta démence,
       Que vouloir me railler...
Que deviendrait ta gloire et ton orgueil immense,
       Sans moi l'humble Cafier !
Si la Patrie encor montre une tête altière,
       Si toujours elle sort,
La Grande Infortunée, inépuisée, entière,
       Des étreintes du sort :
A moi, mais à moi seul en est toute la gloire !
       Si chaque an, à genoux
A tes pieds, tu la vois, fidèle à son histoire,
       Parer d'un doigt jaloux
L'autel où l'on bénit, l'autel où l'on adore
       L'auguste Liberté :
On le doit — tu peux m'en croire — à mon fruit que dore
       Le chaud soleil d'été.
Depuis un siècle près, écartant les orages,
       Je dispute au néant
Notre drapeau flottant sous le vent des outrages...
       Et c'est bien moi, géant,
Oui, moi, qui paie encor cette poudre qui fume,
       L'airain qui retentit
Chaque an sous tes rameaux, et l'encens qui parfume
       Ton front — moi si petit !... »

On entendit alors rire tout haut dans l'herbe
          Le caustique frelon;
Et le Palmier courbant son chef haut et superbe,
          Se tut dans le vallon.

Port-de-Paix, 23 décembre 1877.

AU PEUPLE

AU PEUPLE

Calme un peu tes rumeurs pour ouïr le poète,
O peuple souverain ! Aucune ambition
Ne germe dans son cœur, et la haine inquiète
En est bannie. Ecoute avec attention !

On t'a souvent parlé de tes droits légitimes,
Et dit que de toi seul émanent les pouvoirs :
Ils n'ont pas tort, ceux-là ; mais ces prêcheurs sublimes
Parlent beaucoup des droits, pas assez des devoirs.

Et c'est à quoi surtout je veux qu'on t'initie,
Moi qui mets au-dessus de tout la vérité.
Je veux, loyal lutteur de la Démocratie,
Te dire quel chemin mène à l'Egalité.

On t'a mis dans la main une arme bien puissante,
Le vote par qui seul l'opprimé se défend ;
Mais le vote au pouvoir d'une âme inconsciente
Est un glaive aiguisé dans la main d'un enfant !

Instruisons donc nos fils, éclairons-nous, nous-mêmes.
L'Evangile sacré de tout républicain,
C'est la loi, qui contient nos volontés suprêmes :
Tu dois pouvoir y lire, ô peuple souverain !

Puis, retiens bien ceci : — Seul l'homme qui travaille,
Peut marcher son chemin sans redouter l'affront.
Le fainéant n'est point quelque chose qui vaille :
Pour un os qu'on lui jette, il va courbant le front !

Lorsque, las de souffrir sous le bras qui t'incline —
Le bras fort d'un tyran — tu te dresses enfin,
Et saisis, frémissant, ta rude carabine,
Peuple, ce que tu fais, oh ! tu le fais en vain !

Quand le tyran n'est plus, triomphant, tu te presses
Autour de l'Urne : alors, sous les traits d'un ami,
Reparaît le vaincu. Séduit par ses caresses,
Voilà pour le moment ton soupçon endormi

Il dirige ta main qui ne sait pas écrire ;
Déjà dans ton gousset son argent s'est glissé,
Et voilà que le vote est venu reconstruire
Ce que la carabine, hier, a renversé !

Peuple, il est un moyen bien plus sûr que la guerre
De se venger des torts — quand on est citoyen !
Quoi qu'il fasse, un tyran ne lui résiste guère —
La misère non plus — à ce puissant moyen :

L'école ! — Si jamais un abus te désole,
Si tu veux que ton droit soit toujours garanti ;
Veux-tu la liberté ? — Mets ton fils à l'école !
Peuple, si tu m'en crois, c'est là le seul parti !

DIX-HUIT CENT QUATRE

DIX-HUIT CENT QUATRE

A Auguste Durosier.

Pour les tyrans, partout, sonne l'heure fatale ;
Et le monde courbé — se redressant — exhale,
Sous les cieux clairs, un long cri de soulagement !
Les nègres opprimés, causant sous les vieux chênes,
Se disent : — « Nous verrons bientôt tomber nos chaînes,
Et finir ici-bas notre cruel tourment... »

Bien vaine illusion et bien folle espérance !
Tu restes sans pitié pour leur misère, ô France !

Les droits que l'on proclame, ah ! ce n'est point pour eux,
Pauvres nègres ! Et si quelques têtes altières
Se dressent pour parler, les haches meurtrières
Nivellent, dans leurs rangs, ces fronts audacieux !...

Mais bientôt ils sont las de leur longue infortune...
Les crètes de nos monts deviennent la tribune
Où, pour plaider leurs droits, rugissent les canons...
Dans leurs mains agitant leurs rudes baïonnettes,
Sur la peau du Colon ces sauvages poëtes
Parlent de buriner leurs exploits et leurs noms !

***

Dix-huit cent quatre ! ô date éclatante et bénie !
O lauriers toujours verts ! Gloire immense, infinie !
          Ah ! quel souffle de liberté
Pénètre dans mon cœur, l'anime, le remue,
Alors qu'il m'en souvient ! Et que mon âme émue
          Se sent d'orgueil et de fierté !

J'entends ces bruits d'épée et ces cris de victoire...
Ces exploits sans seconds dont s'étonne l'Histoire,
    Se déroulent là sous mes yeux...
Le râle des vaincus qu'on égorge m'attriste...
Je suis présent partout, et, plein d'ardeur, j'assiste
    Aux cent combats de mes aïeux...

Tandis que les Français, dans leurs promptes manœuvres,
S'élancent à travers la Ravine-à-Couleuvres,
    Pensant nous briser sous leur choc,
Je vois le Grand Toussaint, dédaigneux de leur foule,
Pour barrer le passage au noir torrent qui roule,
    Se dresser plus calme qu'un roc !...

Du brave Maurepas l'audace m'émerveille...
J'entends le cri profond du montagnard qui veille...
Je vois le Cap qui brûle, et j'admire en pleurant,
De l'énergique Henri le désespoir sublime...
Je vois plus d'un héros, s'élançant dans l'abîme,
    S'immortaliser en mourant !...

Je vois, dans le lointain sombre où se continue
Le drame, les éclairs se croiser dans la nue —
    Les éclairs du bronze fatal !

La Crète-à-Pierrot, noir volcan, s'enflamme et gronde...
J'entends le bruit que fait l'écroulement d'un monde —
    Le vieux monde colonial !...

Je vois enfin, ravi, les légions altières
De l'Adige et du Rhin, du sommet de Vertières,
    Battre des mains à nos succès !
Et j'entends Rochambeau, dont l'étoile décline,
Devant Capoix vainqueur commander qu'on incline...
    L'illustre drapeau des Français !...

Oh ! oui, tes vieux soldats — ces géants intrépides
Que durent contempler, du haut des Pyramides,
    Quarante siècles révolus ;
Tes soldats endiablés, criblés comme des cibles,
Tes soldats invaincus, tes soldats invincibles,
    France, nous les avons vaincus !

*
**

C'est qu'hélas ! reniant leur mission sublime,
Ils étaient devenus les complices du crime,
Et que leurs vieux drapeaux portaient dans leurs plis noirs,
L'Esclavage qui fait naître les désespoirs !

C'est que tu n'avais point béni leur entreprise,
Toi qu'ils avaient livrée — abusée et surprise —
Aux mains d'un tyran ! C'est que tes vœux les plus chers,
Dans cette lutte horrible où se brisaient nos fers,
Etaient bien pour l'Esclave !.. Oh ! j'ai blasphémé, France,
Disant que tu fus sourde à nos cris de souffrance !
S'il nous vint de tes bords de cruels oppresseurs,
Que ne devons-nous pas à tes divins penseurs ?
Notre victoire à nous, c'est encore la tienne.
Si devant nul assaut l'armée haïtienne
Jamais ne recula ; s'ils eurent, nos guerriers,
Pour affronter l'horreur des canons meurtriers,
Ce dédain de la mort et cette audace fière,
C'est qu'ils savaient chanter la Marseillaise altière !

1881.

LA SENTINELLE

LA SENTINELLE

A mon ami Rémy Bastien.

Il pleuvait rudement un soir : les gouttes, lourdes
Comme du plomb, sur les larges feuilles tombaient.
On entendait passer au loin les rumeurs sourdes
Des grands vents turbulents, qui balançaient, courbaient
Jusqu'au sol ou tordaient avec rage, les branches
Qui se cassaient. Les flots bruns des ravins, grossis
Par l'orage, roulaient en sombres avalanches ;
Mille éclairs se croisaient dans les cieux obscurcis..

4.

Hélas ! la nature a de ces folles colères !
Le peuple aussi. Malheur, alors, cent fois malheur
A tout ce qui s'élève — aux vieux pins séculaires
Comme aux vieux abus — quand le souffle niveleur
Passe sur la forêt et passe sur la ville !
Et, ce soir-là, le peuple ajoutait sa fureur
A celle des autans. A la guerre civile
L'ouragan furieux mêlait sa froide horreur !

Ici le camp ; là-bas, c'est la ville assiégée —
Mais la ville étouffant sous l'étreinte de fer
Des assaillants ! La ville, enfin, découragée,
Ayant lutté beaucoup et rudement souffert !
Le pain manque, l'eau manque, et la mort est certaine !
Si par quelque sentier sombre et discret, furtif,
Quelque assiégé se sauve, aussitôt dans la plaine,
Il tombe sous le plomb du bivouac attentif.

Seul, et non loin du camp, Pierre — la sentinelle —
Sur le sol accroupi, veille ; et triste, alarmé,
Essuyant dans son œil une larme fidèle,
Tout bas songe à son frère, en la place enfermé !
Levant au ciel ses mains, avec une foi vive
Il prie... Hélas ! Le ciel entendra-t-il son vœu ?
Sur quiconque hésitant à répondre au qui-vive
Bref de la sentinelle, ordre est de faire feu !...

Tout à coup — et durant un instant d'embellie —
Il voit à quelques pas les feuilles frissonner ;
Puis, sans bruit, écartant le vert rameau qui plie,
A travers le buisson une ombre se traîner —
Un fuyard ! — « Qui va là ? » hurle-t-il, énergique.
Pas un mot. Il fait feu. Tant pis ! Le malheureux
Chancelle et tombe, atteint de la balle tragique,
Et pousse dans la nuit un soupir douloureux !

Mais ce triste soupir montant dans les ténèbres,
Eveille dans son cœur comme un pressentiment.
Vers la victime en proie aux étreintes funèbres
De l'agonie, il court, tremblant. A ce moment,
Dans les cieux un éclair brille... Douleur amère !
Dans cet homme que Pierre a frappé de sa main —
O consigne cruelle, horrible, ordre inhumain ! —
Dans ce fuyard mourant, il reconnaît... son frère !

                    Port-au-Prince, 15 novembre 1884

BILLET

A OSWALD DURAND

BILLET

A mon ami Oswald Durand.

Hier, un vieux journal me tomba sous la main...
Oh! le hasard, parfois, est vraiment inhumain!
Car, dans cette gazette, encor toute poudreuse,
Je relus cette histoire humiliante, affreuse,

Du capitaine Batch — le trop digne Germain !
Ce que ce souvenir, dans mon cœur de Romain,
Souleva de fiel noir, de haine impétueuse!...
Mais je me rappelai cette ode audacieuse

Où ta noble colère éclate en vers si beaux,
Et que nos vieux guerriers, du fond de leurs tombeaux,
Ont dû bénir : mon âme en devint plus tranquille !

Merci ! —

      Ceux-là pour qui notre œuvre est inutile,
Apprendront bien que seul, seul, en ce jour fatal,
Un poète a vengé l'honneur national !

Cap-Haïtien, 13 août 1882.

TOUSSAINT LOUVERTURE

A L'ASPECT DE LA FLOTTE FRANÇAISE (1802)

TOUSSAINT LOUVERTURE

A L'ASPECT DE LA FLOTTE FRANÇAISE (1802,

A mon ami J. J. Chaney.

« Pleurer lorsque tout rit, pleurer lorsque tout chante ;
Comprimer dans son cœur les généreux élans ;
Sentir toujours du fouet la morsure à ses flancs,
Sous la main du bourreau si froidement méchante !

» Pleurer en étouffant jusqu'au moindre sanglot,
Car du maître la joie en fût empoisonnée :
De l'esclave africain telle est la destinée,
Et — je m'en souviens bien — tel fut aussi mon lot !

» Alors que tout redit la chanson de la vie,
Lui, chante à demi-voix le refrain de la mort.
Être dégradé, rien — ni vertu ni remord —
N'élève plus la voix dans son âme asservie.

» Qu'est-ce pour lui, mourir, lui qui meurt tant de fois
En un jour ! Dans sa femme aux durs labeurs rivée,
Dont le sein fécondé, sous la rude corvée,
Voit tomber son doux fruit non mûri par les mois !

» Dans sa fille qu'il voit, sous ses yeux avilie,
Perdre aux baisers impurs sa native couleur,
Son sourire divin, comme une exquise fleur,
Sous le souffle brutal chiffonnée et pâlie !

» Jamais la douce voix de la fraternité
Ne vient d'un mot d'espoir consoler sa tristesse.
Pour lui n'existe point cette suave ivresse,
Ces longs ravissements de la paternité !....

. . . .

» Le Seigneur me tira, comme autrefois Moïse,
De ces bas-fonds impurs où l'esclave croupit ;
Et j'ai pour mission, dans son cœur assoupi,
D'éveiller ces vertus dont la flamme électrise.

» Déjà j'ai vu finir les injustes tourments ;
Déjà j'ai vu les miens redresser haut la tête ;
Déjà la liberté, leur sublime conquête,
Trouble leur sein ravi de longs frémissements...

» Et quel tyran, frappé d'une étrange démence,
Pense encor retrouver des êtres tout tremblants
Dans un peuple grandi jusqu'au niveau des blancs,
Rêvant un destin grand comme le ciel immense ?...

» Ah ! ce n'est que trop vrai, ces vaisseaux que je vois,
Ces vaisseaux dans leurs flancs ramènent l'esclavage...
Se peut-il qu'en nos champs, du commandeur sauvage
Vienne encore tonner l'épouvantable voix ?

» Se peut-il que du bruit des chaînes que l'on rive,
Résonne encor l'écho de nos vallons en fleurs ?
Se peut-il que devant un destin gros de pleurs,
Mon esprit flotte, ainsi qu'un navire en dérive ?

» Oh ! non ! Je combattrai. Les despotes m'ont dit :
— « Sur votre front pleuvront les faveurs de la France... »
Mais des Noirs dans ma main je tiens la délivrance :
Si je trahis leur droit, je veux être maudit !

» Rangez-vous sous mon bras, fils vaillants de l'Afrique !
Dites, si vous voyez pâlir notre flambeau :
— « Non, ce n'est qu'une éclipse, il renaîtra plus beau ! »
Ah ! je sais que grande est leur force numérique,

» Grande aussi leur valeur ! Ces farouches guerriers,
Qui savent à les suivre obliger la victoire,
Sans doute, en s'éloignant des rives de la Loire,
A leur patrie ont dit : — « Tressez-nous des lauriers !... »

» Pourtant je ne crains pas, en leur livrant bataille,
De hâter pour les Noirs l'heure du talion ;
D'opposer ma poitrine à ces cœurs de lion ;
A ces soldats géants de mesurer ma taille !

» J'ai foi dans mon étoile, et je serai vainqueur.
Quand le péril lui jette un défi gros d'orages,
L'homme dont le cœur passe en hauteur les outrages,
Voit sa taille grandir au niveau de son cœur.

» Malheur à qui s'avance en nos gorges profondes !
Dans mes vastes projets j'ai pour complice... Dieu !
Et je sens bouillonner, dans mes veines en feu,
Ce pouvoir créateur qui fait surgir des mondes ! »

Port-de-Paix, août 1883.

LES FILS DE LOUVERTURE

LES FILS DE LOUVERTURE

A Oswald Durand.

Ils sont partis du Cap ; c'est en eux qu'on espère :
    Dans le camp du Noir ils iront,
Et sous l'âpre guerrier faillira le vieux père,
    Lorsque les enfants parleront.

Ainsi pense le Corse, en ses projets sans nombre...
    Les voilà donc qui vont tous deux —
Suivis du vieux Coisnon — par les vallons pleins d'ombre
    Et par les monts aux flancs pierreux.

Sur leur chemin, partout, quels concerts ! quelles fêtes !
La branche des palmiers, la tige des bambous —
Charmants arcs de triomphe — au-dessus de leurs têtes
Se courbent sous la main des paysans jaloux.

Ils arrivent enfin dans le fameux village
D'Ennery. Voyez-vous, courant au-devant d'eux,
Cette femme aux cheveux déjà blanchis par l'âge,
     Qui les prend dans ses bras tous deux ?

Pauvre mère ! Elle croit rêver. Son œil se dore
D'une étrange lueur : « C'est bien vous, mes gamins ? »
Fait-elle, en leur donnant un gros baiser sonore,
Et secouant longtemps leurs mains dans ses deux mains !

O triomphe ! ô bonheur ! De son jeune mulâtre
Aux yeux vifs, au front d'or, — de son beau noir savant,
Au parler adorable, elle est folle, idolâtre !
Oui, tandis que Toussaint, pour eux, s'en va rêvant

Un avenir immense et tenant du prodige,
Cette femme en son cœur également bénit
Ces deux épis divers nés sur la même tige,
Ces deux oiseaux chauffés naguère au même nid !

Un messager s'élance, et bientôt la poussière,
Volant dans le lointain en tourbillons épais,
Annonce que Toussaint, dans la bourgade fière,
Rentre pour faire accueil aux amis des Français.

*_**

Il rentre, le héros invincible et farouche,
Suivi de ces guerriers dont sa main tient le sort —
Race de preux puissants et fameux, dont la mort,
Faucheuse aveugle, semble avoir coupé la souche !

Il a compris le piège et bien sombre est son front !
Lui dont le cœur de père est frissonnant d'ivresse,
Il leur accorde à peine un doux mot de caresse,
A peine un tendre éclair de son regard profond !

Que lui propose-t-on ? La trahison infâme,
A lui le rude athlète aux provocants défis !
Ou bien d'avoir causé le malheur de ses fils,
Le douloureux remords éternel en son âme !

Le devoir et l'amour — deux souverains jaloux —
Luttent dans son sein... Ah ! par ses enfants qu'il aime,
Tenter ce père, c'est la cruauté suprême !
Et, certe, entre vous deux, le barbare, c'est vous,

O puissant Bonaparte ! — Attendez un peu ! L'homme
Est châtié par où naguère il a péché :
Et quand votre grand astre un jour sera couché,
Quand vous ne serez plus qu'une ombre, qu'un fantôme

Du géant surhumain qui terrassa les rois,
Votre fils adoré, privé de ses couronnes,
Sera lui-même aussi pour les grands, pour les trônes,
Le gage heureux par qui se maintiendront leurs droits !

***

Le vieux Coisnon ainsi parle au roi des montagnes,
En lui tendant enfin la lettre des Consuls :
« Que vous a donc promis, dans vôs secrets calculs,
» Cette sombre existence à travers les campagnes,

» Que vous laissez, Toussaint, gloire, fortune, honneurs,
» Pour devenir le chef de quelques misérables ?
» La France prise haut vos bienfaits innombrables,
» Et vous élève au rang de ses fils les meilleurs.

» Pouvez-vous hésiter en semblable occurrence ?
» D'un côté, les faveurs croissant, croissant toujours ;
» De l'autre, les périls fatals à vos vieux jours :
» Vous voyez, la balance incline vers la France...

— » En êtes-vous bien sûr ? dit Toussaint à ce mot.
» Eh bien ! non, mon ami. La France s'est trompée.
» Je suis, moi, le vengeur ; et, lourd de mon épée,
» C'est du côté des Noirs que penche le plateau.

» Le sort en est jeté ! Brigand, parjure, traître,
» Peu m'importe le nom qu'on me puisse infliger ?
» Mon devoir — et le seul — est bien de protéger
» Ma race, quand le blanc s'appelle encor le maître !

» Quant à vous, mes fils, vous, ma vie et mon espoir,
» Je souffrirais beaucoup au fond de mes entrailles —
» Moi, dont les chants guerriers, les sanglantes batailles,
» L'incendie allumé dans les cannes, le soir,

» Le cliquetis des fers, le cri des sentinelles,
» Les escadrons qui font comme un bruit de torrent
» En passant sur le corps des blessés expirant —
» Seront au sein des bois les fêtes éternelles !

» Moi, qui pour tout château, n'aurai plus désormais
» Que les monts escarpés, les monts aux hautes cimes —
» Aigle toujours planant au-dessus des abîmes —
» Je souffrirais beaucoup, mes enfants, si jamais,

» Vous forçant d'embrasser ma périlleuse cause,
» Je devenais l'auteur de vos misères ! Non !
» Entre la France et nous, mes fils, entre Coisnon
» Et moi, vous choisirez. Allons, je veux qu'on l'ose !

» Je veux que vous soyez, en des périls si grands,
» L'arbitre souverain de vos destins suprêmes ;
» Oui, je veux, mes amis, que vous disiez vous-mêmes,
» Lesquels vous préférez — de nous ou des tyrans !...

» Pourtant mon œil puissant, à travers les désastres
» Qui, dans l'œuvre entreprise, éprouveront mon cœur,
» Voit dans le ciel lointain mon bel astre vainqueur
» Briller d'un vif éclat, fier entre tous les astres...

» Sur mon aile partons, mes superbes aiglons !
» D'un essor vigoureux fendons l'immense espace !
» Oui, montons plus légers que le condor qui passe,
» Plus rapides encor que les noirs aquilons !

» Sur les divins sommets de l'avenir sans bornes
» Posons enfin nos pieds hardis et triomphants...
» Regardez, regardez, ô mes nobles enfants !
» Pour ces nègres jadis courbés, tristes et mornes,

» Quel lendemain splendide !... Après la Liberté —
» Voyez ! — l'Indépendance altière et grandiose !...
» Les vassaux relevant leur front pâle et morose
» Sous le souffle divin de la fraternité !...

» Le même pavillon flottant sur les Antilles,
» Le pavillon fameux des Noirs confédérés !...
» Les fils de Cham, enfin, partout régénérés,
» Voyant du Préjugé s'écrouler les bastilles !...

» Voyez-vous ce couchant au reflet pâlissant ?
» Voyez-vous cette aurore ?... Oh ! ce n'est pas un rêve...
» L'Europe qui s'en va, l'Afrique qui se lève...
» A genoux saluons cet astre éblouissant ! »

Ainsi parle ce fou, ce prophète sublime,
Montant, montant toujours dans l'espace effrayant,
Lisant à haute voix dans le livre brillant
Du destin, ces secrets profonds comme l'abîme !

Dans cette ascension rude, où cet aigle-roi,
Dédaigneux des éclairs, vers les cieux se dirige,
Le timide Isaac, troublé, pris de vertige,
Se sentant défaillir, pousse un long cri d'effroi...

Mais Placide est fait, lui, pour les larges coups d'ailes
Dans l'infini ! D'un œil nullement ébloui,
Il contemple, le cœur plein d'un charme inouï,
Ces folles visions des splendeurs éternelles...

« Je vois, je vois, dit-il... Oh! pour la Liberté,
Père, je combattrai. Si la tempête sombre
Sur les brisants te jette... et que ta barque sombre,
Avec toi j'entrerai dans l'immortalité ! »

Le vieux Toussaint, ému, sur sa rude poitrine
Le presse avec amour : — « Voilà, voilà mon sang ! »
Fait-il en l'embrassant trois fois. Et s'élançant
Vers sa garde, debout sur la place voisine,

Il montre à ses soldats joyeux et triomphants,
Ce jeune homme héroïque, en répandant des larmes !
Et la garde applaudit en présentant les armes,
    Et les tambours battent aux champs !

                              7 octobre 1883.

SONGEURS ET PLONGEURS

SONGEURS ET PLONGEURS

Deux classes de mortels qui vont de par le monde,
Fouillant des profondeurs que nul regard ne sonde,
Et cherchant, dans leur sein inexploré, de quoi
Faire notre bonheur à tous ! Deux existences
Qui s'écoulent sans bruit, pourtant pleines d'émoi,
Faites de sacrifice et de douleurs intenses,
D'orages comprimés et de chagrins amers !
Les uns, que la misère aiguillonne et tourmente,
Vont pêcher une perle en l'océan des mers,
Des squales affrontant la mâchoire inclémente !

Les autres, agités d'un souffle impérieux,
Pour aller y cueillir quelque utile pensée,
Plongent d'un vol hardi dans l'océan des cieux,
Bravant ces traits moqueurs dont l'âme est traversée !
Parfois l'humble songeur et le pauvre Indien
Rapportent quelque chose, et le plus souvent... rien !

Port-de-Paix, 25 juin 1883

LE MONTAGNARD

LE MONTAGNARD

Heureux enfant de la nature,
Au tien quel destin est pareil ?
De la saison bravant l'injure,
Sous les chauds rayons du soleil
Ainsi que sous la froide ondée,
Tu vas le torse nu, joyeux,
N'ayant jamais l'âme obsédée
De ce fatal désir du mieux.

Hélas ! l'air impur de nos villes
Est bien funeste à nos poumons ;
Mais le vent de nos mœurs serviles
Ne souffle jamais sur tes monts.
L'oiseau te salue à l'aurore ;
La fleur, que jamais ne trompa
Ta main loyale, vient éclore
Jusqu'au seuil de ton ajoupa.

Tranquille sur tes cimes bleues,
D'où bondissent les aquilons,
Ton œil profond voit à cent lieues
Les collines et les vallons
Nivelés comme une savane :
Tel t'apparaît de tous côtés
Le vieux monde qui se pavane —
Avec ses inégalités !

A l'heure où, brisant son calice
D'ombre, éclôt le rayon vermeil,
Tu contemples avec délice
La prime beauté du soleil.

Et les grands palmiers — ces gendarmes
De nos monts — dédaigneux des rois,
Semblent te présenter les armes,
A toi, le souverain des bois !

Puis, lorsqu'au bout de sa carrière,
L'astre se balance, indécis,
Tu reçois sa clarté dernière,
Seul sur tes grands rochers assis.
Avec les parfums de la plaine,
Monte alors dans l'immensité,
Vers Dieu, ton âme toujours pleine
De touchante sérénité !

Et tu t'inclines et tu pries —
Car étranger à nos discours,
Rien encor ne les a flétries,
Tes croyances des premiers jours.
Nulle voix, dans l'ombre échappée,
Ton hymne jamais ne troubla,
Sinon la fraîche mélopée
Du sourd et lointain bamboula...

6.

Ah ! tu fais bien de fuir nos villes.
Quand la rude voix du canon
Te convie aux luttes civiles,
Réponds à ce triste appel : Non !
Et qu'au fond de la grotte énorme
Comme au sombre creux du ravin,
Les limiers portant l'uniforme
Te poursuivent toujours en vain !

Mais, ô vaillante sentinelle,
Si, du haut de ces pics, tu vois
Venir quelque flotte nouvelle,
Debout alors ! Comme autrefois,
Sous le souffle de ta poitrine,
Il faut qu'on entende en tous lieux
Rugir de colline en colline,
Le fier lambi de nos aïeux !

L'HOMME DES CHAMPS

L'HOMME DES CHAMPS

A mon ami Edmond Cantin

Ton œuvre est vraiment sublime,
O noble ouvrier des champs !
Pour les bons, pour les méchants,
C'est ta joie immense, intime,

De répandre ta sueur :
Ne connaissant point les peines,
Tu ne connais point les haines
Au noir souffle flétrisseur !

Dieu, dans sa tâche sacrée
Et vaste de Créateur,
T'a pour collaborateur,
Et comme lui ta main crée !

Quand sur les sillons béants,
Tu te penches à l'aurore,
Et que ton front se colore
De beaux reflets triomphants —

Ton front qu'embaument les roses ! —
Oh ! comme lui, n'est-ce pas
Que tu murmures tout bas
Ton *fiat lux* sur les choses ?

Laissant tomber, plein de foi,
La graine au sein de la terre,
Tu dis — ô le doux mystère ! —
« Que l'arbre, que la fleur soit ! »

Et pour ombrager la plaine,
L'arbre se dresse bientôt,
Et la fleur, sur le coteau,
Pousse et répand son haleine !

Radieux, tu t'applaudis
De ta charmante merveille ;
Et le bouton qui s'éveille
Embaumant ton paradis,

Te sourit, comme à sa mère
Pleine d'ivresse et d'orgueil,
L'enfant dont s'entr'ouvre l'œil,
Offre sa joie éphémère !

Ici-bas, j'entends plus d'un —
O la sauvage ironie ! —
Railler ton œuvre bénie,
Et t'appeler le commun !

Que t'importent leurs blasphèmes ?
Afin qu'ils soient tous heureux,
O cœur noble et généreux,
Tu laboures et tu sèmes !

Dédaigneux de leur dédain,
Pour eux ton bras nu travaille,
Et tu n'as qu'un toit de paille,
Pour qu'ils aient tous un Eden !

Je t'aime, moi; car, en somme,
C'est toi qui gardes le mieux
La conquête des aïeux,
Laborieux et brave homme.

Cap-Haïtien, 10 novembre 1883.

LES HOMMES DE L'INDÉPENDANCE

LES HOMMES DE L'INDÉPENDANCE

Ah ! si nous rappelons jamais le souvenir
De ces rudes vainqueurs, que ce soit pour bénir !
Le blâme osant monter à ces grandes figures
Est une impiété. Non, sur ces envergures
Fières que déployait leur essor, n'allons pas,
Nous les chétifs, porter notre petit compas !
Ne pouvant pas atteindre à cette altière cime
D'où leurs yeux, ô destin, dans ton livre sublime,
Lisaient des mots, pour eux seuls, lumineux et clairs,
Nous comprendrions mal ces rêves, ces éclairs,

Qui, dans leur sein, jetaient l'étincelle rapide
Dont ils chauffaient l'ardeur de leur peuple intrépide.
Inclinons-nous plutôt en nommant chaque nom !
Qu'ils aient été cléments, magnanimes ou non,
Qu'importe ? On leur avait fait un ciel noyé d'ombres :
Si la foudre jaillit de ces nuages sombres,
La faute n'en est pas, hélas ! à ces héros.
Ils étaient tous martyrs s'ils devinrent bourreaux ;
Et s'ils virent, d'un œil sec, tomber sous leurs armes
Les blancs, c'est qu'ils avaient pleuré toutes leurs larmes !

HYMNE DE FOI

ÉCRIT PENDANT LES ÉVÉNEMENTS DE 1883

HYMNE DE FOI

ÉCRIT PENDANT LES ÉVÉNEMENTS DE 1883

A mon ami Charles Héraux

Te voilà toute pâle et toute défaillante,
O ma pauvre Patrie ! Et ton cœur plus ne bat !
Et je vois, éploré, l'agonie effrayante
Où ton âme héroïque et forte se débat !

Ah ! tu n'es plus, hélas ! la belle souveraine
Dont nos guerriers altiers — ces farouches amants —
Le visage noirci, la main de lauriers pleine,
Se venaient disputer les chauds embrassements.

Une à une tu vis s'égréner les étoiles
Qui faisaient dans l'azur resplendir ton front d'or ;
Et tous, voyant le deuil te couvrir de ses voiles,
Doutent que les beaux jours nous reviennent encor.

Moi je ne doute pas. Par les flammes ardentes
Dont ton ciel toujours chaud électrise nos cœurs ;
Par ton royal soleil aux ardeurs fécondantes ;
Par les noms immortels de nos aïeux vainqueurs ;

Par la sève de feu qui bouillonne en nos veines ;
Par les pleurs, les sanglots de tous les noirs souffrants ;
Par les nombreux martyrs de nos droits ; par nos plaines
Tièdes encor du sang des Colons — nos tyrans !

Quoi qu'ils puissent rêver de criminel et sombre
Contre tes hauts destins, ces peuples dont le bras
Puissant — perfidement — s'étend déjà dans l'ombre,
Je jure, ô mon Pays aimé, que tu vivras !

Ne te désole pas ! Courage, et crois ! Courage,
Et lutte ! L'œil fixé sur le but poursuivi,
Tandis que sur ton front roule et gronde l'orage,
Dresse la tête, et jette à la mort un défi !

On outrage le ciel alors qu'on désespère.
L'arbre de Liberté, ne cessant de verdir,
Dans l'avenir prochain rayonnera prospère :

Le pin de la forêt met cent ans à grandir !

                    Port-de-Paix, 17 août 1883.

7.

LE DRAPEAU NATIONAL

LE DRAPEAU NATIONAL

A M. Alfred Box.

En vain, ô perfide Hédouville,
Tu crois raviver nos rancœurs ;
Traître, en vain ton haleine vile
Attise la flamme en nos cœurs :
De tes manœuvres infernales
Nous triompherons en tout lieu,
Et nos couleurs nationales
Resteront le rouge et le bleu.

Oh ! quoi que tu puisses nous dire,
Le passé parle encor plus haut,
Et nul mortel ne peut détruire,
Certes, notre immortel faisceau.
Quand de venger la race noire
Nous fîmes naguère le vœu,
Il nous guida vers la victoire,
Notre beau drapeau rouge et bleu !

Bien plus : le drapeau tricolore,
Qui partout comme un astre a lui,
Saluant notre belle aurore,
Un jour, s'inclina devant lui !
France, tes légions altières
Suspendirent un jour leur feu,
Afin d'applaudir à Vertières
L'illustre drapeau rouge et bleu,..

Il faut bien que l'*Union* vive,
Puisque le vieux faisceau des Noirs
A pour nœud l'amour qui ravive
Et d'où naissent les grands espoirs —

Oui, l'amour du fils pour la mère
Et de la mère pour l'enfant !...
Il n'est donc pas chose éphémère,
Notre beau drapeau triomphant !..

. . . .

Oh ! il vivra, je le répète ;
On le verra peut-être un jour,
Calme et serein sous la tempête,
Des continents faire le tour,
Notre pavillon historique !
Et de mon cœur l'éternel vœu,
C'est qu'il flotte aux steppes d'Afrique,
Notre beau drapeau rouge et bleu !

Port-de-Paix, 9 avril 1884.

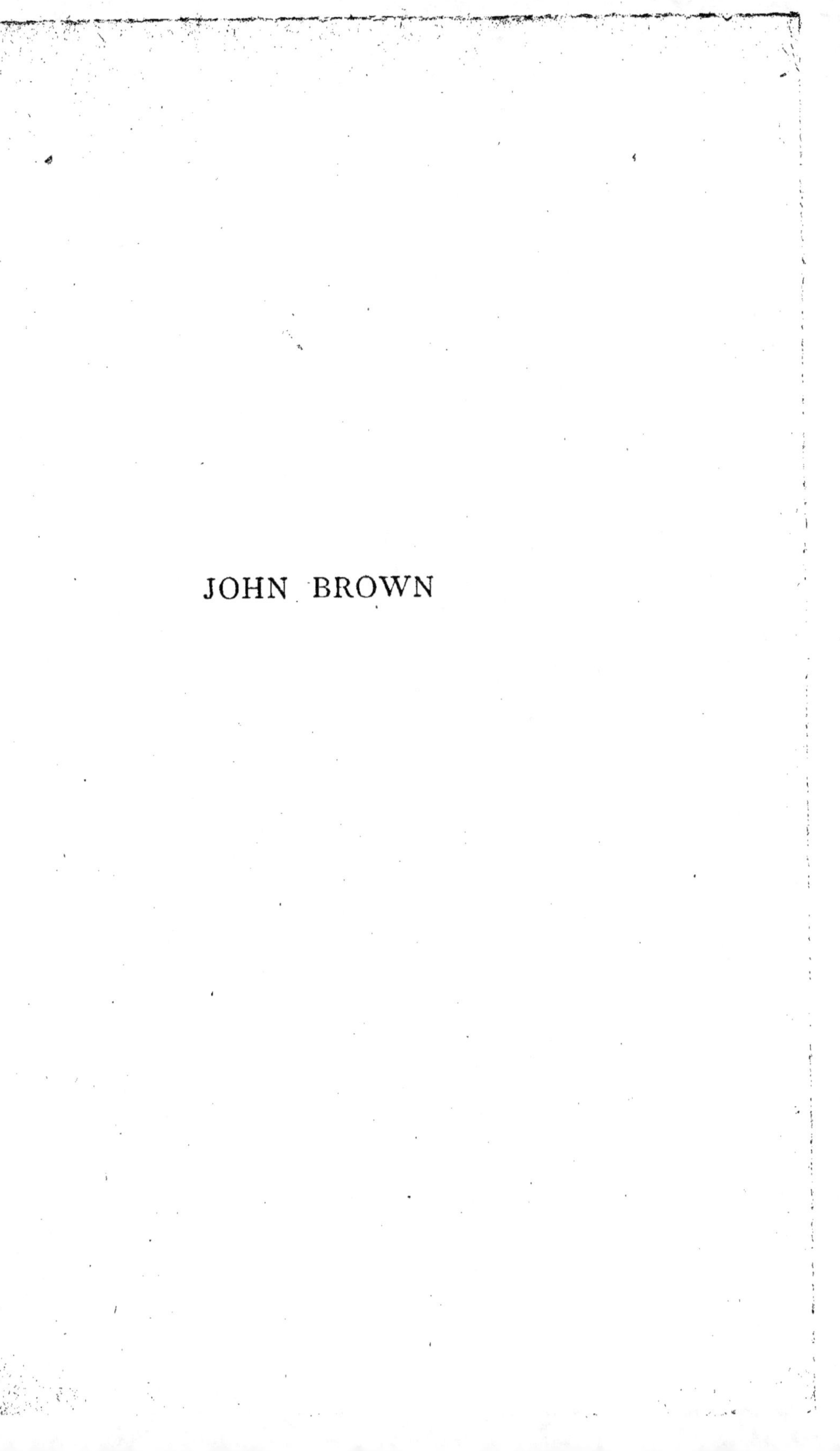

JOHN BROWN

JOHN BROWN

A Raoul Prophète

Quiconque est martyr a l'avenir pour conquête.
Et John Brown le fut ! John Brown, debout sur le faite
De l'Histoire, apparaît énorme, éblouissant :
De ce blanc généreux qui prodigua son sang
Pour le salut des Noirs, oh ! l'immense stature
Dépasse dans le ciel la tienne, Louverture !
Ce que tu fis fut grand sans doute. Quand ton œil
Ayant bien mesuré l'abîme que l'orgueil
Avait creusé, profond et large, entre les races,
Tu conçus — le cœur plein de toutes les audaces,

Donnant un jour la main à ton peuple tremblant —
L'espoir de le franchir en un suprême élan :
De ce jour, vieux Toussaint, ô toi de mes ancêtres
Le plus illustre, toi que flattèrent nos maîtres
Qui, frémissants de peur, te dressaient des autels,
De ce jour tu sortis du niveau des mortels.
Mais aussi l'Esclavage avait courbé ta tête ;
Mais ces rudes affronts qui, dans l'âme muette
De l'opprimé, font naître un noir levain fatal ;
Ces insolents appels du commandeur brutal,
Tu les avais connus au fond de ta géhenne :
Ton cœur ne fut donc pas étranger à la haine !
De tout gouffre creusé par l'injustice, sort
Inévitablement le désastre et la mort,
Ainsi que du volcan les foudroyantes laves :
Tu surgis donc, Toussaint, du bagne des esclaves !
Ton œuvre immense montre à l'œil audacieux
Du penseur qui la fixe, un côté radieux :
Le droit ! — puis un côté terrible : la vengeance !
Là partout la colère a banni l'indulgence !

Ce que fit le vieux Brown est plus divin, je crois.
Le gibet du martyr fait songer à la croix !

Avoir le meilleur lot du terrestre héritage,
Et s'indigner pourtant de l'inégal partage

Du sort ; — vouer ses fils aux périls, à la mort,
Pour venger des torts dont le poids ni le remord
Ne les ont accablés ; — renoncer à la joie,
Pour souffrir avec ceux que la souffrance ploie ; —
Avoir pour soi les droits et choisir le Devoir ; —
Libre, haïr les fers ; blanc, mourir pour le Noir :
Oh ! l'amour pouvait seul accomplir ce prodige !

Heureux Virginiens, tandis que le vertige
Du triomphe vous grise, à ce triste échafaud
Lancez vos traits railleurs. Vantez, vantez bien haut
Vos succès, en mêlant à ce nom pur, auguste,
L'amère insulte — seule aumône à l'homme juste
Réservée ici-bas ! — Vous faites bien. — Mais nous,
Au pied de ce gibet nous tombons à genoux ;
Et comme les chrétiens, pour raviver leur flamme,
Vont prier sous le ciel où le Christ rendit l'âme,
Oh ! nous tous, les rameaux du vieil arbre africain,
Foulant d'un pied hardi le sol américain,
Nous irons accomplir notre pèlerinage,
Un jour — l'un après l'autre — en cet humble village
Où, sous l'ombre légère ou le rayon vermeil,
Le sublime vieillard dort son dernier sommeil.

Port-de-Paix, 16 av il 1884.

PLACE DE LA RÉPUBLIQUE

PLACE DE LA RÉPUBLIQUE

Sur cette place où les âmes républicaines,
Quelquefois vont puiser des émotions saines,
Tandis qu'un gros bourgeois naïf et curieux,
Devant mon front de bronze écarquillant les yeux,
Pour me montrer, tirait discrètement la manche
A sa femme fière en sa robe du dimanche ; —
Voici qui me plongea dans un ravissement
Divin ! Sous les splendeurs calmes du firmament,
D'où l'astre s'en allait, ruisselait la crinière
Fauve du grand Lion ; son immense paupière
D'airain semblait alors — mélancoliquement —
Promener parmi le vaste fourmillement

De la foule, dont il est le terrible emblème,
Un regard débordant de tendresse suprême.
Or, joyeuse, une mère était debout devant
Le monument, tenant par la main son enfant,
Jeune marmot de sept ans, vigoureux et rose.
Et l'enfant, curieux de savoir toute chose,
Montrait les bas-reliefs avec son doigt charmant,
Et disait : — « Qu'est-ce donc que tout cela, maman ? »

Et ce sont tes penseurs dont mûrissent les gerbes
Dans les sillons du monde, et ces héros imberbes
Dont tes bardes, ô France, ont célébré les noms ; —
Ceux-là qui, sous le feu meurtrier des canons,
S'en allaient par l'Europe — ô célestes démences ! —
De ton Quatre-vingt-neuf épandant les semences ; —
Tous ceux qui de leur sang généreux ont tracé,
Sur le Livre à jamais glorieux du passé,
Ces dates dont chacune a vu naître un prodige
Et que nul fier penseur ne fixe sans vertige ; —
Tous ces vaillants tribuns, dont les virils accents
Firent jadis trembler tes despotes puissants ; —
Tous ces chercheurs d'idée, aux allures austères,
Que tourmente en leurs nuits le sort des prolétaires ; —
Ce sont tous ces lutteurs magnanimes du Droit
Et de la Liberté — qu'avec son petit doigt

L'enfant montrait alors ! Oui, toute ton histoire,
France éternellement grande, et toute ta gloire !
'Dans son langage ému, doux et mélodieux,
La mère interprétait ces groupes radieux,
Et — simplement — versait dans cette âme chérie,
L'orgueil du nom français, l'amour de la Patrie !
Et c'est pourquoi, Français, des grands peuples puissants,
Seuls, je crois, vous avez des héros de douze ans !...

Hélas ! qué mon pays eût mieux connu sa tâche,
Et qu'on l'eût accomplie avec un cœur moins lâche,
Si pour lire à l'enfant l'histoire des aïeux,
La mère avait là-bas, ouverts devant ses yeux,
Ces grands livres de bronze ou de marbre ou de pierre !
Nul n'estime le fils qui rougit de son père ;
Nul n'estime le peuple ingrat qui dans l'oubli
Profond laisse dormir ceux qui l'ont ennobli !
Courage, ô ma Patrie ! émancipe ton âme
Des funestes liens dont la spirale infâme,
Vers le ciel azuré gêne encor ton essor !
Secoue, ô chrysalide, en un suprême effort —
Comme tu fis tes fers dans les temps héroïques —
Le stupide haillon des préjugés antiques !

Paris, 30 juillet 1885.

ÉPILOGUE

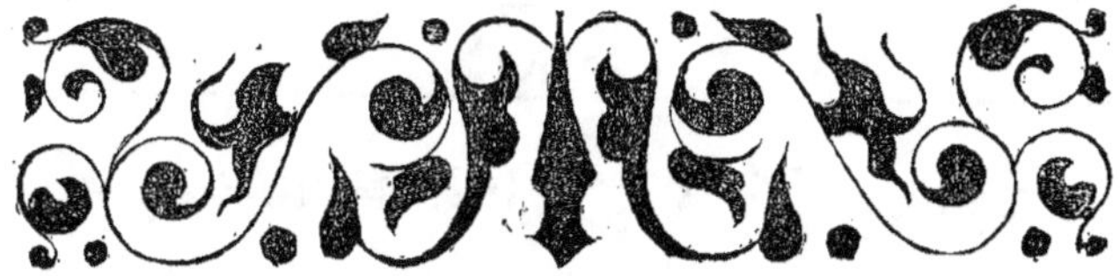

ÉPILOGUE

Vers nos grèves en fleur, vers nos prés, vers nos mornes,
    Par delà les flots verts
De l'immense Océan aux horizons sans bornes,
    Envolez-vous, mes vers !

Je ne vous retiens plus : ouvrez grandes vos ailes
Et partez ! Puissiez-vous, par vos accords vainqueurs,
Sous notre beau ciel d'or ranimer tous les zèles,
    Réchauffer tous les cœurs !

C'est en vain que la foule implacable et farouche
  Des pâles envieux
Vous attend au passage et guette d'un œil louche
  Votre vol dans les cieux :

Vous passerez si haut au-dessus de leurs têtes,
Que leurs traits impuissants et lancés de trop bas,
Malgré tous leurs efforts, ô mes chers interprètes,
  Ne vous atteindront pas.

D'autres, vous accueillant avec indifférence —
  Gens au cœur vide et froid —
Railleront sans pitié vos beaux cris d'espérance
  Et vos hymnes de foi.

D'autres, le front baissé, tristes comme des saules,
Doutant de l'avenir, doutant de la vertu,
Diront, hélas ! avec un haussement d'épaules :
  « Bah ! tout est bien perdu ! »

Mais vous ferez sonner vos strophes triomphales
  Comme un vibrant tocsin,
Parmi le bruit rageur des passions rivales
  Au noir souffle malsain ;

Et peut-être à la fin, dans les âmes sceptiques,
Passera le frisson de vos rhythmes brûlants...
Et puis, soyez-en sûrs, vos chants patriotiques
          Et vos fiévreux élans

Feront sourire d'aise, en leur couche profonde,
          Nos pères oubliés :
Ceux qui dorment au fond de la gorge féconde,
          Parmi les verts halliers ;

Ceux dont les grands palmiers aux paisibles murmures,
Dans des coins écartés couvrent avec orgueil,
Sous l'ombrage éploré de leurs hautes ramures,
          Le modeste cercueil ;

Ces martyrs ignorés, auxquels les vagues bleues
          Servirent de linceul ;
Ce géant que de nous séparent tant de lieues,
          Et qui, tranquille et seul,

Dessous la froide neige, hélas ! repose encore,
En attendant le jour, par nous tous désiré,
Où le rendra la France au soleil qu'il implore,
          De notre ciel doré ;

Oh ! tous de leur sommeil, oiseaux des hautes cimes,
Tous se réveilleront
Pour écouter chanter vos frissonnantes rimes,
Et vous applaudiront !

Partez tous ! — Moi je reste. Exilé volontaire
Au pays du Savoir, à ce sphinx, le Progrès,
Je voudrais, moi chétif, ravir son grand mystère
Et ses divins secrets.

Je voudrais — quel orgueil ! — dérober une flamme
A ce foyer béni,
Et puis te l'apporter en un coin de mon âme,
O ma chère Haïti !

Ah ! ceux-là dont les cœurs sont flétris par le vice
Et qui n'ont d'autre dieu que le seul Intérêt,
Ne le comprennent pas, ce rude sacrifice,
Ce dévoûment discret !

O vous en qui mon âme épanche sa souffrance,
Mystérieux amis
Qui savez les combats que je livre en silence
Aux regrets insoumis,

Par delà les flots verts de l'Océan sans bornes —
Pour aller leur parler de mes soucis amers —
Vers nos grèves en fleur, vers nos prés, vers nos mornes,
          Envolez-vous, mes vers !

                              Paris, 15 septembre 1885.

NOTES

Page 1.

A l'heure où l'on entend, raillant ton agonie,
De tes vieux détracteurs les rires triomphants...

On sait de quelles étranges calomnies, de quelles attaques furieuses et injustes Haïti était l'objet de la part d'un grand nombre de publicistes étrangers, à l'époque où furent écrits ces vers.

Page 13.

Tous ces preux qui, naguère, arrosaient de leur sang
La Ravine et la Crète, et luttaient de leurs piques.

La Ravine-à-Couleuvres et la Crête-à-Pierrot.

9

Même page.

On y voyait aussi, levant le front d'un air
D'imposante fierté, ces vieux Noirs indociles
Qui, jadis, succombant dans leurs luttes stériles,
Par la main des bourreaux étaient marqués d'un R.

« Quant aux insurgés qui se rendaient, on leur appliquait sur la joue un fer rouge portant la lettre *R* (révolté) afin que, sur les habitations, ils ne fussent pas confondus avec les esclaves fidèles. » — THOMAS MADIOU.

Page 14.

Et partout le lambi — ce clairon de nos pères...

Le son qu'on tire de ce coquillage énorme « est effroyable, surtout dans le silence de la nuit ».

Ce mot a déjà été employé par l'auteur de l'*Haïtiade*, dans le vers suivant :

Du lambi tout-à-coup le son retentissant...

Page 24.

Et ce peuple charmé, dans sa langue expressive,
La saluait d'un beau nom : Anacaona !

Anacaona, en langue indienne, signifie *Fleur d'or.*

Page 60.

C'est qu'hélas ! reniant leur mission sublime,
Ils étaient devenus les complices du Crime...

Si devant nul assaut l'armée haïtienne
Jamais ne recula ; s'ils eurent, nos guerriers,
Pour affronter l'horreur des canons meurtriers,
Ce dédain de la mort et cette audace fière, ·
C'est qu'ils savaient chanter la Marseillaise altière !

« Pendant que nous opérions l'investissement du fort, la musique des ennemis faisait retentir les airs patriotiques adaptés à la gloire de la France.

» Malgré l'indignation qu'excitaient les atrocités des Noirs, ces airs produisaient généralement un sentiment pénible. Les regards de nos soldats interrogeaient les nôtres ; ils avaient l'air de nous dire : « Nos barbares ennemis auraient-ils raison ? Ne serions-nous plus les soldats de la République ? Et serions-nous devenus les instruments serviles de la politique ? »   PAMPHILE DE LACROIX.

TABLE

Versailles. — Imprimerie Cerf et Fils, 59, rue Duplessis.